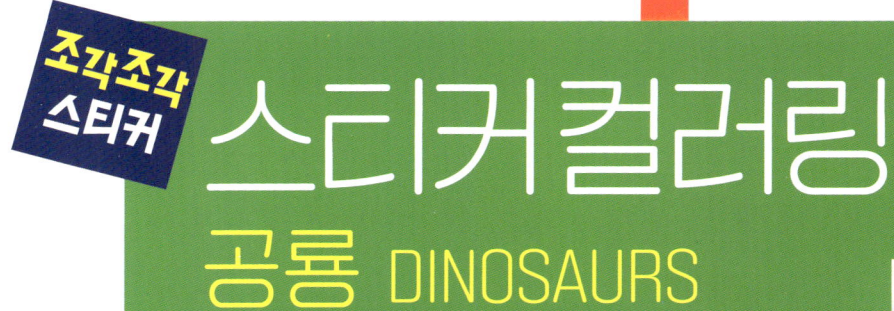

조각조각 스티커
스티커 컬러링
공룡 DINOSAURS

애플비
applebeebooks

차례

사람보다 먼저 태어나 지구 곳곳을 누비던
신비롭고 멋진 공룡들을 스티커를 붙이며 만나 보세요.

티라노사우루스 · · · · · 4쪽 (42조각)

브라키오사우루스 · · · · · 6쪽 (42조각)

코리아케라톱스 · · · · · 8쪽 (56조각)

이크티오사우루스 · · · · · 10쪽 (56조각)

벨로키랍토르 · · · · · 12쪽 (56조각)

케찰코아틀루스 · · · · · 14쪽 (56조각)

이렇게 붙여요.

티라노사우루스

▶ 스티커는 29쪽

1 마음에 드는 그림을 고르고, 해당하는 스티커 페이지를 점선을 따라 뜯어요.

2 그림의 한글 자음을 잘 보고 스티커 페이지에서 똑같은 색깔의 글자를 찾아 그림에 붙여요.

70 조각
스테고사우루스　　16쪽

70 조각
트리케라톱스　　18쪽

70 조각
스피노사우루스　　20쪽

84 조각
사우로펠타　　22쪽

84 조각
테리지노사우루스　　24쪽

84 조각
엘라스모사우루스　　26쪽

- 이름의 뜻 **폭군 도마뱀**
- 분류 **용반목 수각류**
- 식성 **육식**
- 몸길이 **10~13미터**
- 시기 **백악기 후기**

티라노사우루스

명실상부 지구상 최강의 육식 공룡이라 할 수 있다. 덩치에 비해 앞다리는 매우 작고 짧다. 하지만 길고 튼튼한 뒷다리를 이용해서 먹잇감을 향해 돌진했고, 크고 튼튼한 턱과 뿌리까지 합해서 30센티미터가 넘는 이빨로 먹잇감을 단단히 물 수 있었다.

▶ 스티커는 29쪽

DINOSAURS

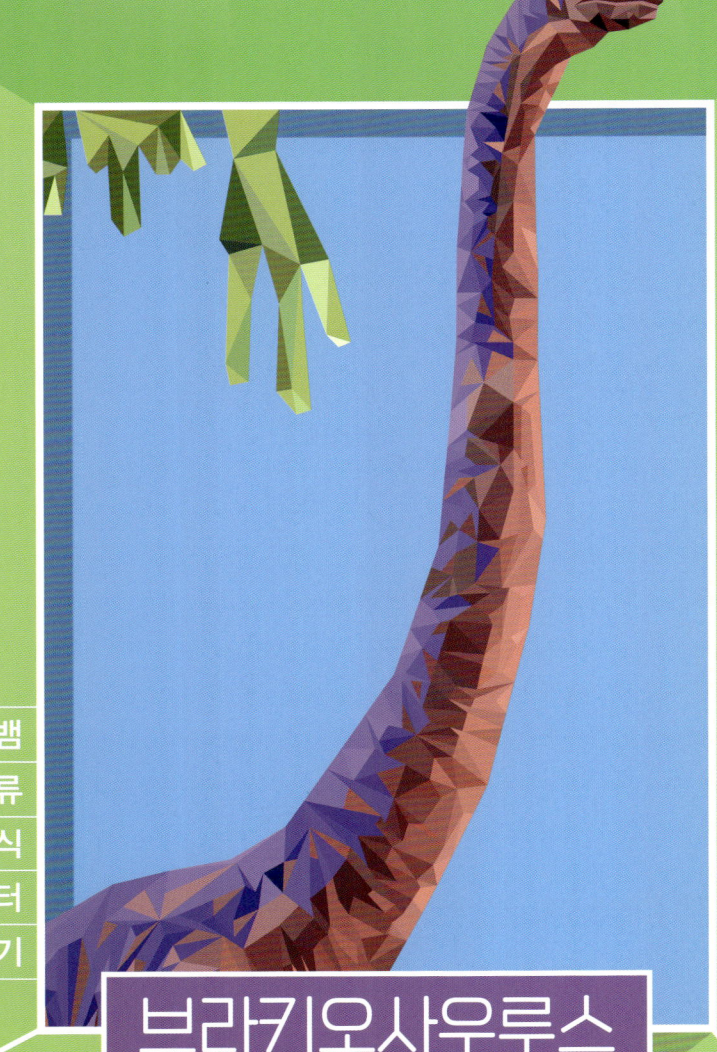

브라키오사우루스

- 이름의 뜻 **팔 도마뱀**
- 분류 **용반목 용각류**
- 식성 **초식**
- 몸길이 **25~28미터**
- 시기 **쥐라기 후기**

팔 도마뱀이라는 이름은 앞다리가 뒷다리보다 길기 때문에 붙었다. 긴 목과 머리 위쪽에 위치한 콧구멍 때문에 물속에서 살았을 것이라고 한동안 추측했지만, 폐가 물속의 압력을 견딜 수 없고 나머지 특징들이 육지 생활에 알맞도록 발달했다는 것이 밝혀졌다.

▶ 스티커는 31쪽

DINOSAURS

코리아케라톱스

대한민국 화성시에서 화석이 발견된 공룡이다. 앞발 2개만 발견되었지만, 원시 각룡류의 특징인 부리 모양의 주둥이를 가졌을 것으로 추측한다. 뒷다리로 걸어 다녔으며, 넓고 납작한 꼬리를 노처럼 이용해 물속에서도 빠르게 걸을 수 있었다. 몸집이 작아 육식 공룡이 공격을 받으면 물속으로 도망쳤을 것으로 추정된다.

- 이름의 뜻 한국의 뿔 공룡
- 분류 조반목 각룡류
- 식성 초식
- 몸길이 1.8미터
- 시기 백악기 전기

▶ 스티커는 33쪽

DINOSAURS

이름의 뜻 물고기 도마뱀
분류 바다 파충류 어룡
식성 육식
몸길이 2~3미터
시기 쥐라기

이크티오사우루스

오늘날의 돌고래와 비슷하게 생겨서 물고기 도마뱀이라는 이름이 붙었다. 하지만 몸의 구조는 공룡과 비슷해서 지느러미 속에 발가락뼈가 들어 있고 아가미가 아니라 폐로 숨을 쉬었다. 눈이 커서 시력이 좋았으며 원시 오징어, 물고기 등을 잡아먹었다.

▶ 스티커는 35쪽

- 이름의 뜻 **날쌘 도둑**
- 분류 **용반목 수각류**
- 식성 **육식**
- 몸길이 **1.5~2미터**
- 시기 **백악기 후기**

벨로키랍토르

몸집은 그리 크지 않지만 가볍고 재빠르며, 영리한 공룡이었다. 뒷발의 갈고리 모양 발톱으로 상대의 몸을 찌르거나, 꽉 붙들어 사냥했다. 오늘날의 조류와 비슷하게 온몸이 깃털로 덮여 있었을 것으로 추정되는 대표적인 공룡이다.

▶ 스티커는 37쪽

DINOSAURS

케찰코아틀루스

지금까지 발견된 익룡 중에서 가장 크다. 하지만 뼈 안이 비어 있어 덩치에 비해 몸은 비교적 가벼웠다. 앞다리의 네 번째 발가락이 길어져서 커다란 날개가 되었다. 눈이 좋아서 먼 곳에 있는 먹이도 잘 볼 수 있었고 물고기나 작은 동물 등을 잡아먹었다.

- 이름의 뜻 날개를 가진 뱀
- 분류 익룡 프테로닥틸로이드류
- 식성 육식
- 날개 편 길이 11~13미터
- 시기 백악기 후기

DINOSAURS

▶ 스티커는 39쪽

스테고사우루스

등줄기를 따라 오각형 모양의 거대한 골판들이 늘어서 있는데, 근육이 붙어 있어 움직일 수 있고 햇빛이 있어 체온 조절에도 활용했을 것으로 보인다. 꼬리에는 네 개의 골침이 달려 있어 방어용으로 사용하였다. 몸집에 비해 뇌가 아주 작아서 머리가 나쁜 공룡으로 소문이다.

이름의 뜻 지붕 도마뱀
분류 조반목 검룡류
식성 초식
몸길이 5~9미터
시기 쥐라기 후기

▶ 스티커는 41쪽

DINOSAURS

16

이름의 뜻 **세 개의 뿔이 있는 얼굴**
분류 **조반목 각룡류**
식성 **초식**
몸길이 **8~9미터**
시기 **백악기 후기**

트리케라톱스

백악기 후기에 가장 번성했던 공룡 중 하나이다. 스테고사우루스와는 반대로 머리가 무척 크고, 머리에 세 개의 뿔과 넓은 프릴을 가지고 있다. 이 뿔을 이용해 티라노사우루스 등의 육식 공룡에 맞섰을 것으로 추정되며, 티라노사우루스에게 물린 흔적이 있는 화석도 자주 출토된다.

▶ 스티커는 43쪽

DINOSAURS

스피노사우루스

이름의 뜻	가시 도마뱀
분류	**용반목 수각류**
식성	육식
몸길이	12~17미터
시기	백악기

머리의 모습이 오늘날의 악어와 비슷하고, 꼬리뼈가 헤엄치기에 적당한 형태이다. 따라서 물속에서도 능숙하게 움직이며 물고기를 주로 잡아먹었을 것으로 여겨진다. 등에는 돛처럼 생긴 거대한 가시 돌기가 있는데, 스피노사우루스의 골판들처럼 몸집을 커 보이게 하고 체온을 조절하는 역할을 했을 것이다.

DINOSAURS

▶ 스티커는 45쪽

사우로펠타

목에 커다란 가시들이 쌓으로 나 있고, 등은 갑옷을 입은 것처럼 단단한 골편으로 덮여 있어 방어 능력이 뛰어났다. 긴 꼬리와 짧고 튼튼한 네 다리를 가지고 있는데 배 부분에만 골편이 없어 육식 공룡으로부터 공격을 받으면 몸을 낮추고 꼬리를 휘두르면서 대항했을 것으로 생각된다.

이름의 뜻 방패 도마뱀
분류 조반목 곡룡류
먹성 초식
몸길이 5~8미터
시기 백악기 전기

▶ 스티커는 47쪽

22

DINOSAURS

이름의 뜻 **큰 낫 도마뱀**
분류 **용반목 수각류**
식성 **잡식**
몸길이 **8~10미터**
시기 **백악기 후기**

테리지노사우루스

앞발의 발톱 길이가 약 70센티미터 정도로,
지구에 살았던 동물 중에서 가장 큰 발톱을 지니고 있다.
이렇게 큰 발톱의 용도는 아직 정확하게 밝혀지지 않았으나,
머리 위쪽의 나뭇가지를 끌어당겨 식물의 잎을 먹거나
적이 나타났을 때 휘둘러서 위협했을 것으로 짐작된다.

▶ 스티커는 49쪽

DINOSAURS

엘라스모사우루스

몸집에 비해 아주 긴 목을 가지고 있는데 목의 길이만 7미터가 넘고 72개의 목뼈로 이루어져 있다. 몸의 길이에 비해서는 작고 입에 날카로운 이빨들이 있어 얕은 오징어, 물고기 등을 잡아먹었다.

이름의 뜻 얇은 판 도마뱀
분류 바다 파충류 수장룡
식성 육식
몸길이 13~14미터
시기 백악기 후기

DINOSAURS

26

▶ 스티커는 51쪽

더 쉽고 멋지게 즐기는 Tip!

1 ㄱㄴㄷ 순서대로 스티커를 한 장씩 떼어 차례대로 붙이면 마음도 더욱 차분해지고 그림도 쉽게 완성할 수 있어요.

2 스티커 핀셋을 이용해 스티커를 떼어 내고, 그림에 붙이면 더 쉬워요.

공룡들과 만날 준비됐나요?

티라노사우루스

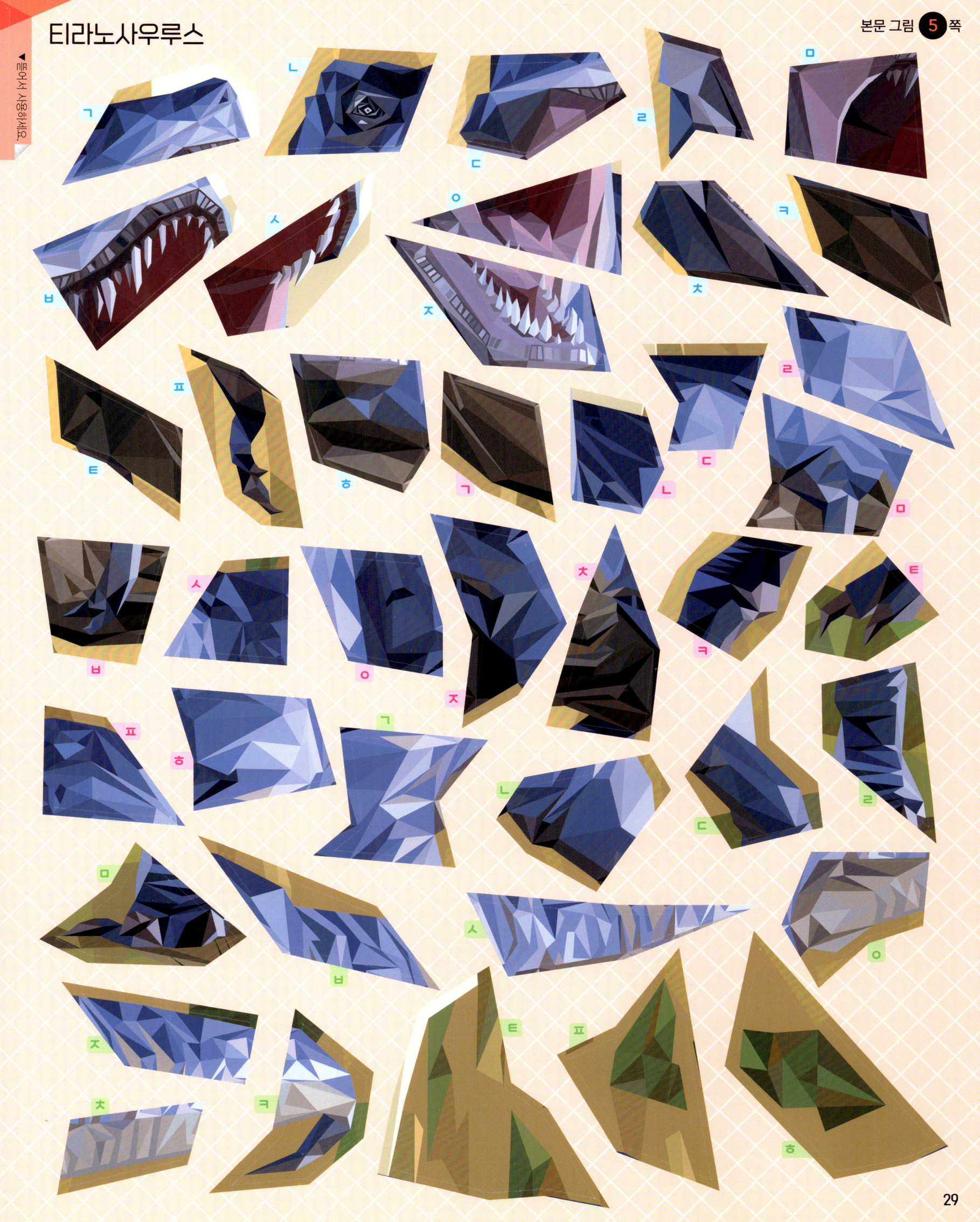

브라키오사우루스

본문 그림 7쪽

코리아케라톱스

본문 그림 9쪽

이크티오사우루스

본문 그림 11쪽

벨로키랍토르

본문 그림 13 쪽

케찰코아틀루스

본문 그림 **15**쪽

트리케라톱스

스피노사우루스

본문 그림 21쪽